HAÏKUS D'ÉTÉ

Corinne Falbet-Desmoulin

HAÏKUS D'ÉTÉ

Recueil de haïkus

© 2022   Corinne   Falbet-Desmoulin

Édition : BoD – Books on Demand, info@bod.fr.
Impression : BoD – Books on Demand, In de Tarpen 42, Norderstedt (Allemagne)

ISBN : 978-2-3224-4388-8

Dépôt légal : septembre 2022

Corinne Falbet-Desmoulin aime créer des poèmes depuis l'enfance.
"La poésie, c'est le bonheur des mots", dit-elle.

Le haïku est un court poème de trois lignes, d'origine japonaise. Il célèbre le moment présent et les émotions qu'il suscite.
Traditionnellement, sa construction est la suivante : 5 syllabes, puis 7 et à nouveau 5. Mais de nombreux poètes ne respectent pas forcément cette structure.

Dans ce recueil, l'auteure nous livre sans contraintes une interprétation libre et joyeuse d'ambiances estivales.
Elle souhaite nous faire vibrer, à travers l'association subtile de ses mots et de magnifiques photos choisies avec soin.

Imprégnez-vous de ces atmosphères uniques et surtout, revenez-y sans compter !

Sous le nom de Corinne Falbet, le roman "**À l'encre du coeur**" a été édité en février 2022 par les Éditions Nouveaux Auteurs et les Éditions Prisma. Il a obtenu le "Coup de coeur du jury du Prix Femme actuelle développement personnel 2022."

Sous le nom de Corinne Falbet-Desmoulin, ont été publiés trois recueils de nouvelles : "**Singulières**", "**Insolites**" et "**Atypiques**", également rassemblés dans une trilogie.

10 nouvelles se trouvant dans ces recueils ont obtenu un Prix littéraire, dont quatre Premiers Prix.

*Le roman **"Un seul être nous manque"** est paru en septembre 2021.*

*L'auteure a aussi édité un recueil de poèmes **"Poèmes d'hier et d'aujourd'hui"**, (deux d'entre eux ont été primés) ainsi qu'un recueil à quatre mains **"Instants de grâce à partager"** coécrit avec son amie auteure Monique Sanchez.*

À tous ceux qui aiment le chant des mots

Lever du jour

Spectacle éphémère

Velours somptueux sur la ville

Éclats de l'aurore

Le chat s'étire

Yoga jusqu'au bout des griffes

Rituel de bien-être

Voici l'heure dorée

Celle de tous les possibles

Espoirs d'un jour nouveau

Rythme paisible

Mon réveil est en vacances

Je prends tout mon temps

Matin

Petit-déjeuner

Mon cœur formule des vœux de joie

La journée s'ouvre

Pépiements énergiques

Les oisillons dans les nids

Appel de la vie

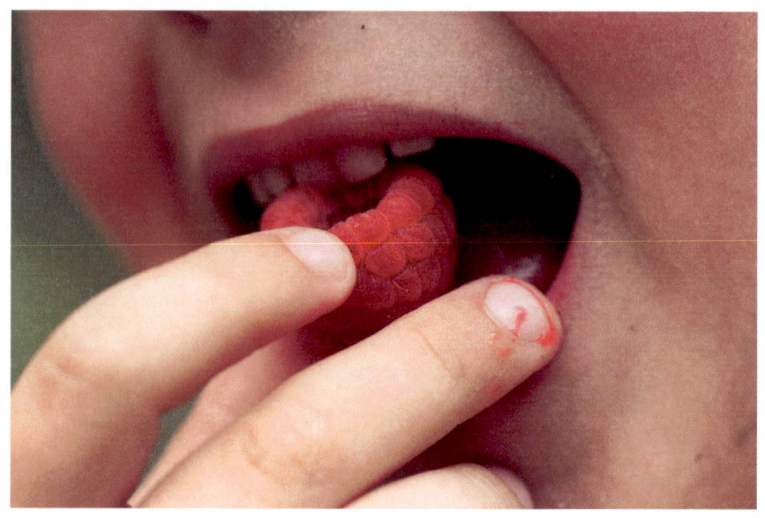

Tôt dans la matinée

Sur le bord de la rivière

Fascinante rencontre

Petit tour au jardin

Croquer dans un fruit de l'été

Gourmandise à toute heure

Écureuils tout fous

Acrobates des grands pins

Chorégraphie rousse

Tel un petit enfant

Savourer le moment présent

Rire dès le matin

Midi

Bourdonnements d'abeilles

Dans la lavande chaude

Soleil de midi

Pique-nique sur l'herbe

S'évader de l'ordinaire

Créer le bonheur

Le long du vieux mur

Dégoulinent les roses anciennes

Charme naturel

Dessert d'été

Pour régaler petits et grands

L'amour dans l'assiette

Après-midi

Du bleu à l'infini

Sable blond sous les doigts

Mon âme respire

Je ne suis plus seul

Vaisseau magique qui m'emporte

Livre mon ami

Liner bleu turquoise

Délice de l'eau sur la peau

Un goût de Tropiques

Une sieste au frais

Chaleur torride au jardin

Ronron de mon chat

Puissante montagne

Oser l'aventure des crêtes

Neiges éternelles

Pain et chocolat

Les goûters d'autrefois

Retrouver son enfance

Soir

Gouttes de cristal

Dans la corolle en attente

Bienfaits de la pluie

Heures douces et calmes

Saupoudrées de rêveries

Crépuscule pastel

Soirée entre amis

Au goût d'affection véritable

Harmonie profonde

Reflets sur le lac

Beauté des fleurs sauvages

Précieuse sérénité

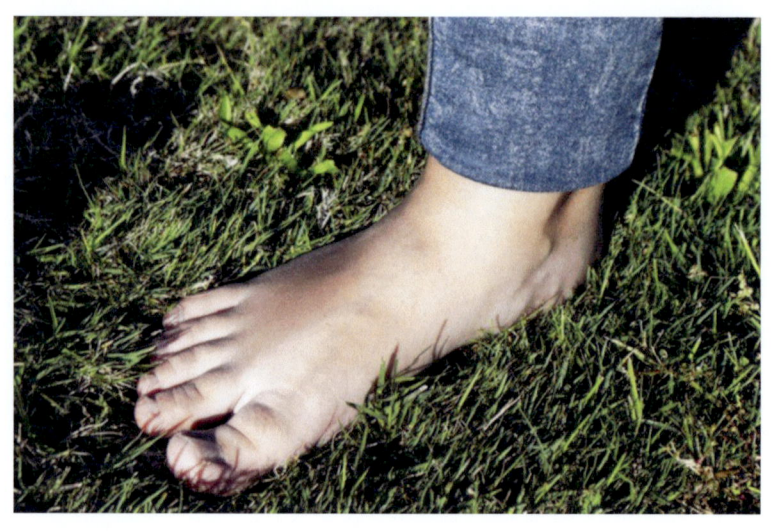

Je marche doucement

Pieds nus sur l'herbe tiède

Ancrage ressourçant

Filaments de lumière

Émaillant l'horizon

Féerie du soir

Nuit

Chant des grillons

Parfum d'herbe coupée

Les étoiles palpitent

La nuit s'est posée

Derrière les volets fermés

Le monde en suspens

Clarté de la lune

Vol feutré de l'engoulevent

Chouettes et hiboux

Souffle de plumes

Capture des mauvais rêves

Sagesse indienne

Remerciements

Je remercie infiniment mes fidèles lectrices et lecteurs.

Grâce à vous, je peux donner libre cours à ma créativité et c'est un véritable bonheur.

Savoir que vous appréciez mes livres représente pour moi une incroyable motivation.

Je copie ici la dédicace me concernant, offerte par la merveilleuse Florence Servan-Schreiber, lors de notre rencontre à Paris :

"Une femme qui pousse son génie créatif sans retenue".

Et c'est bien ce que vous me permettez !

GRATITUDE...

ET MAINTENANT...

À VOUS DE CRÉER

dans les pages suivantes

VOS PROPRES

HAÏKUS D'ÉTÉ

(illustrés ou non) !

Écrivez ce que vous dicte votre cœur !

Des petits poèmes de trois lignes pour célébrer des moments heureux de votre été...

(Et ne craignez rien, vous seul les verrez si vous le souhaitez.)

C'est parti !